Bibliografische Information Der Deutschen Bibliothek

Die Deutsche Bibliothek verzeichnet diese Publikation in der Deutschen Nationalbibliografie; detaillierte bibliografische Daten sind im Internet über http://dnb.ddb.de abrufbar.

Das Gesamtprogramm von Butzon & Bercker finden Sie im Internet unter www.bube.de

ISBN-13: 978-3-7666-0740-9
ISBN-10: 3-7666-0740-5

Umschlagbilder: Willi Rolfes
Reproduktion: Versicolor.DFT, André Stenzler oHG, Bochum

Stefan Jürgens / Willi Rolfes

Atem der Stille

Einladung zum Innehalten

Butzon & Bercker

Vorwort

Atem der Stille: In diesem Band finde ich Gedanken, Bilder, Worte und Gebete, die eine Einladung sein wollen: tiefer zu sehen und weiter zu blicken; eine Einladung, still zu werden, zu schweigen und zu hören.
Dafür brauche ich Zeit und Muße. Ich muss bei mir zu Hause sein, wahrnehmen, was ich erblicke, in mich einlassen, was mich betrifft. Dann sehe ich die Botschaft der Bilder, vernehme den Sinn der Worte, tauche ein in die Stille um mich herum.
Die Stille erfüllt mich; ich sehe die Menschen um mich herum mit liebevolleren Augen, und vielleicht entdecke ich auch Gott in meinem Leben.

Inhalt

Einblick – Worte in die Stille

Wo ist die Stille?

Die Stille ist dort, wo ich sie suche:

Auf einsamen Bergen,
in guten Büchern;
in beschaulichen Klöstern,
am Meer und am Strand.
Im Wald und am See,
im Bad, auf meiner Couch,
in Kirchen und Kapellen
und ganz bestimmt in mir.

Ich finde die Stille immer in mir
und suche dort nicht vergebens.

Einladung zur Stille

Unsere Welt ist laut:
Es gibt so viele Geräusche,
vom Wecker am Morgen
über die vielen Maschinen
bis zur Musik am Abend.

Unsere Welt ist geschwätzig:
Es gibt so viel Gerede,
vom Tratsch mit den Nachbarn
über Telefon und Computer
bis zu Radio und Fernsehen.

Unsere Welt ist schnell:
Es gibt so viel Gerenne,
von der Fahrt zur Arbeit
über das Streben nach Erfolg
bis zum Einkauf im Supermarkt.

Unsere Welt ist voll:
Es gibt so viel Ablenkung,
von den Medien mit der Werbung
über die Flut der Informationen
bis zu Idolen und Ideologien.

Stille bedeutet:
Schweigen, Gespräch,
Langsamkeit und Leere.

Stille bedeutet:
Hören lernen, Wichtiges erfahren,
sich entschleunigen und frei sein.

Stille bedeutet:
Offen sein für Wesentliches,
anhalten – Mensch werden.

Gerede und Gespräch

Die Menschen,
die am wenigsten
zu sagen haben,
reden unentwegt.

Leere Töpfe klappern
und leere Köpfe
plappern am meisten.

Kein Gespräch möglich
vor lauter Gerede.

Begegnung braucht Stille.

...

Ankommen

Wenn ich in die Stille gehe,
brauche ich oft lange,
um darin anzukommen.

Ich lasse alles kommen,
was in mir noch tätig ist,
schaue es liebevoll an,
bewege es hin und her
und lasse es weiterziehen.

Es dauert manchmal Tage,
bis das Herz gleichmäßig schlägt
und der Atem ruhig fließt;
bis mein Verstand zu denken aufhört
und meine Sorgen das Grübeln lassen.

Irgendwann bin ich angekommen
und hüte die Stille
wie einen kostbaren Schatz.

Die Stille lebt

Die Stille erneuert mich,
ich versinke, tauche ein.

Wie ein Kind bei der Mutter,
ruhig, zufrieden und gestillt,

so wohnt meine Seele in mir
und gibt anderen ein Zuhause.

Wie man Stille schafft

Stille kann man nicht schaffen
wie etwas, das man eben machen kann.
Dann könnte ich ja produzieren,
was mich Mensch sein lässt.

Ich kann mich für die Stille öffnen,
indem ich sie zu mir einlade:

durch einen Raum, der wirkt,
eine Zeit, die frei ist;
durch eine Haltung, die entspannt,
ein Empfinden, das mich aufschließt.

Sei willkommen, Stille!
Willst du bei mir bleiben?

Und sie kommt auf leisen Sohlen,
erfüllt mir Denken, Zeit und Raum;
alles um mich herum wird ruhig,
und ich spüre, wer ich bin –
geheilt und ganz.

Gedanken zum Betrachten der Fotografien

Einblicke in die Seelenlandschaft

Bilder werden zu Sinnbildern, wenn sie das Herz ansprechen, unser Inneres. Bilder aus der Natur werden, betrachtet und gedeutet, zu natürlichen Aussagen über unsere Seelenlandschaft. Wer sie aufmerksam betrachtet und deutet, darf spüren: Ich bin gemeint.
Die Deutungen sind wiederum Bilder, denn alles Sprechen vom Leben ist Sprach-Bild. Die Theologie sagt: Alles Sprechen von Gott ist *analog*. Unsere Sprache kann eben nicht absolute Genauigkeit für sich beanspruchen. Sie ist Bild, Abbild des Gesehenen – mehr nicht. Und Theologie – Rede von Gott – ist ebenfalls Bild, Sprechversuch des verborgen Geschauten.
Weil also jede Sprache, auch die theologische, Bild ist, und weil jeder Mensch mit anderen Augen sieht, deshalb bedarf sie der Interpretation: der Auslegung der Bilder unter die Augen der Zeit. Wenn Theologie analoge Bildsprache ist, dann sind die Bilder immer auch Wege, das Unsägliche zu sagen;

sie sind Wege, Gott auf die Spur zu kommen. Wenn Theologie Bild ist, dann können Bilder auch Theologie sein.

Ausblicke in die Sinnebene

Solche Einblicke werden zu Ausblicken, wenn die Deutung nicht im vordergründigen Beschreiben stehen bleibt, sondern perspektivische Weite annimmt; wenn man vom Sehen zum Schauen kommt.
Eine Fotografie wird erst zum Bild, wenn sie uns Gedanken macht. Ein Bild wird zum Sinnbild, wenn die Gedanken eine Richtung bekommen. Zwischen Sehen und Schauen gibt es einen Unterschied, so wie zwischen Anhören und Zuhören, zwischen Anfassen und Berühren, zwischen Gerede und Gespräch. Diesen orientierenden Unterschied nennen wir: Sinn.

Durchblicke mit göttlicher Perspektive

Das unterscheidend Christliche am christlichen Glauben sind nicht Wörter, Sätze und Bilder, sondern ist eine Person: Jesus Christus. Von ihm her hat alle Orientierung ihre Richtung. Denn dort, im Orient, ist ein für allemal die Sonne aufgegangen, das ewige Wort des Vaters.
Dieser Jesus Christus lässt uns die Welt mit den Augen Gottes sehen. Seine Botschaft deutet unser Leben. Sein Tod und seine Auferstehung geben unserem Dasein Ziel und Sinn, Tiefe und Ewigkeit. Durch ihn wird unser Sehen zur göttlichen Schau, werden unsere irdischen Einblicke zum himmlischen Ausblick.
In der Theologie wird die himmlische Vollendung oft als glückselige Schau (visio beatifica) bezeichnet. Eine Vision aber ist viel mehr als nur ein Augen-Blick. Eine Vision ist Herzens-Schau: Durchblick bis zur Wesensmitte des Seins.
Die zu Sinnbildern gedeuteten Fotografien wollen dazu ermutigen, das Natürliche bewusst wahrzunehmen, das Leben gläubig zu deuten und vertrauend jenen Durchblick (Perspektive) zu wagen, der uns in allem liebend entgegenkommen will: Jesus Christus, und durch ihn Gott alles in allem.

Sich angenommen fühlen

Behutsam
finde ich meinen Platz
in dieser Welt.

Zaghaft
taste ich
nach festem Halt.

Angenommen
fühle ich mich,
angesehen durch Dich.

Angenommen,
gekannt,
bejaht.

Ansehen haben –
das ist Gnade.

Verluste annehmen

Ich habe oft
etwas verloren,
aber noch nie mich selbst.

Jeder Verlust
lehrte mich loslassen,
mich öffnen für Neues.

Was zuerst schmerzlich schien,
offenbarte sich als Befreiung.

Ich lasse hinter mir,
lasse los.
Ich verlasse mich selbst,
verlasse mich auf Dich.

Durch den Verlust des Vergangenen
lasse ich mich ein auf das Kommende,
verlasse ich mich selbst
auf Zukunft hin.

Oasen aufsuchen

Auf langem Wüstenweg
Oasen finden, immer wieder:
zum Trinken, Essen, Ruhen –
weitergehen mit neuer Kraft.

Auf langem Lebensweg
Oasen finden, immer wieder:
zum Besinnen und Beseelen –
weitersehen mit neuem Blick.

Oasen liegen nicht zu Füßen,
sondern verborgen in den Wüsten;
ohne Durst fließt keine Quelle,
ohne Ziel gibt's keinen Weg.

Oasen dienen dem,
der sich zur Reise aufmacht:
Das Paradies entdeckt sich nicht von selbst.
Nur der wird rastlos, der nicht losgeht.

Die Ferne spüren

Der Blick aufs Meer
lässt eine Tiefe ahnen,
der Blick zum Horizont
mich neue Weite spüren,
die unermesslich scheinen
und doch nicht endlos sind.

Diesseits des Horizonts
sagt einer: Er ist fort;
jenseits desselben Horizonts
ein anderer: Seht, er kommt!
So ist am Ende jede Grenze
alle ihre Grenzen los.

Die Ferne macht mich klein,
lässt mich ein Teil vom Ganzen sein;
gibt mir Richtung, zeigt ein Ziel.

Ein Fernweh macht sich breit,
eine ganze Ewigkeit voll Zeit.
Ich erwarte viel. Zu viel?

Eine Sehnsucht hab ich sehr –
ich bin bestimmt bestimmt für mehr!
Viel mehr.

Den Blick zur Sonne wahren

Die Winterkälte
macht mich frieren.
Meine ganze Erde
gerät in Schieflage,
sonnenweit entfernt
im Weltalljahreslauf.

In diesen Zeiten und Momenten
will ich den Blick zur Sonne wahren,
mich freuen an ihrer Kraft,
auch wenn sie jetzt nicht wärmt:
Es wird ja wieder werden
auf sommerlichen Bahnen.

Ich glaube an die Sonne,
auch wenn sie nicht scheint;
ich weiß von ihrer Wärme,
auch wenn ich sie nicht spür.
Der Lauf des Lebens lehrt:
Gib deine Hoffnung niemals auf.

Die Ruhe vor dem Sturm

Da braut sich was zusammen:
Geheimnisvoll, unberechenbar
macht es mir Angst.

Die Ruhe vor dem Sturm:
Die Luft hält den Atem an.
Was beginnt, geht auch vorüber.

Ich denke an den klaren Duft,
wenn es vorbei sein wird.
Gewitter reinigen die Luft.

Meine Angst wird zur Ahnung:
Ich bewahre die Ruhe
und atme tief durch.

Sich geborgen wissen

Ich bin geborgen,
aufgehoben für immer.

Geborgen in meiner Schwäche,
in meinem Kleinsein,
meiner Lächerlichkeit.

Geborgen in meiner Schönheit,
in meiner Liebe,
meinem Charme.

Geborgen in meinem Dunkel,
in meinem Schatten,
meiner Schuld.

Ich berge mich in Dir,
denn nach allem Fallen
birgst Du mich fest und sicher.

Ich bin geborgen,
aufgehoben für immer.

Fließende Übergänge

Was ist Realität,
was Spiegelbild?

Wo ist Tiefgang,
wo nur Oberfläche?

Fließend gehen ineinander über –
Wahrnehmung und Wirklichkeit.

In mir ist mehr, als Hände greifen,
auch die Bilder leben echt.

Ding und Deutung,
Bild und Abbild,
Greifen und Begreifen:
zu fassen ist mehr als anzufassen.

Ich entdecke einen Sinn,
der über allen Sinnen liegt,
und hinter allen Bildern
berührt mich Deine Wahrheit.

Den neuen Tag erwarten

Geduldig erwarte ich den Tag,
der mir neue Flügel verleiht;
die Wärme schenkt Beweglichkeit,
Sonnenstrahlen tupfen den Tau.

Ich beuge mich dem Auf und Ab,
in das ich eingebunden bin im Leben;
selbst wenn mein Wille anders wollte,
erscheint das Mögliche nur begrenzt.

So gedulde ich mich und dulde,
begehre nicht auf und warte still;
es kommt ja die Stunde der Kraft,
die mich beflügelt, wie von selbst.

Den Platz teilen

Es ist genug für alle da,
nicht nötig ist der Neid,
der Platz reicht aus,
keiner kommt zu kurz.

Eine kleine Blüte bietet Raum,
wenn jeder das seine bekommt;
auch die Erde ist groß genug,
wenn wir uns bescheiden lernen.

Erst die Verschwendung ist der Tod des Teilens,
mit dem Überfluss werden viele überflüssig;
der Anspruch der wenigen macht die vielen arm,
die Dicken machen anderen ihre Plätze streitig.

Ich sehe die Schönheit der Demut,
die Anmut der Bescheidenheit;
geteilte Vorratskammern
kommen ohne Konto aus.

Deine Wirklichkeit lieben

Ich möchte realistisch sein,
die Wirklichkeit sehen,
die Welt wahrnehmen,
wie sie ist.

Geheimnisvoll umnebelt,
verhalten lichtdurchfunkelt,
mal verschwommen und dann
auch wieder klar.

Nur was ich wirklich sehe,
nehme ich auch wahr.
Nur wen(n) ich wirklich liebe,
nehme ich auch an.
Nur was ich angenommen habe,
das kann ich gestalten.

Ich möchte lieben
um zu verwandeln.

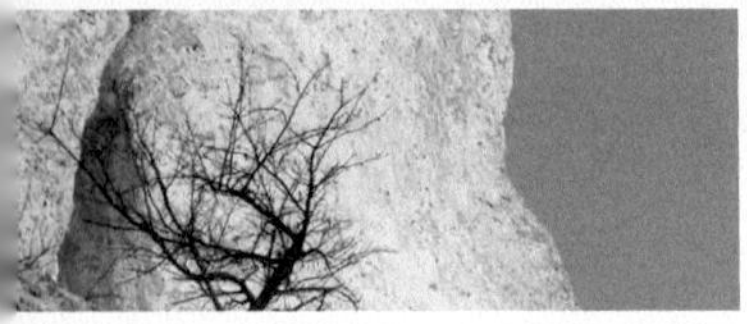

Standhaft bleiben

Ängstlich geklammert
an den nackten Felsen,
nur wenig verwurzelt
in magerem Boden,

ausgezehrt von Sturm und Wind,
kein Blatt um mich herum
in unwirtlicher Gegend,
Staub und Hitze geben mir den Rest –

halte ich Stand,
bleibe ich fest,
bleibe standhaft,
weil ich es will.

Licht- und Schattenseiten sehen

Glanzvoll beschienen,
dunkel überschattet
wie zwei Seiten
einer Medaille.

Ich freue mich unter der Sonne,
doch will ich auch das Dunkel lieben,
den Schatten umarmen,
die Seiten sehen.

Aushalten will ich
und auf Veränderung gefasst bleiben,
weil die Erde sich dreht und die Sonne läuft –
und alles wird sich ändern.

Ich mich auch.

Ebbe und Flut erleben

An den Gezeiten spüre ich
den ewigen Wechsel
von Höhen und Tiefen,
Freude und Trauer,
Glauben und Zweifel.

Was wirkt wie Gewinn und Verlust,
ist doch nur der Wechsel
von einem zum andern –
in Wasser und Watt
wimmelt das Leben.

Wie Atem und Herzschlag
ist ein Wechsel in allem,
und wer lebendig bleiben will,
muss auf Wechsel gefasst sein.
Ich gebe mich den Zeiten hin.

Die Ruhe bewahren

Mitten in wogenden Wellen,
im peitschenden Sturm,
in tosenden Fluten –

Ruhe bewahren,
sich nicht unterkriegen,
nicht mitreißen lassen

vom Strom der Mehrheitsmeinung,
von der Flut der Medien,
vom Fluss der Informationen –

weil der Lebensstrom in mir fließt
und meine Quellen nicht versiegen,
sprudelt es aus mir heraus,

das Leben gegen den Strom –
ohne aufzubrausen
die Ruhe bewahren.

Meinen Weg finden

Nicht immer ging mein Weg geradeaus.
Ich habe Umwege hinter mir,
Irrwege belasten mich.

Leben ist oft Leerlauf,
aber niemals Rückwärtsgang.
Die Zeit läuft, flieht dahin,
ich kann nichts ungeschehen machen.

Meine Umwege waren oft Hinwege,
meine Irrwege ließen mich reifen.
Noch im Wanken und Fallen
wurde mein Schritt fester.

Auf allen Wegen
säumten Menschen meinen Weg,
und der Fluss des Lebens
stand niemals still.

Ich ahne:
Es gibt ein Ziel,
ein Gemeinsames;
es gibt
Dich.

In den Himmel wachsen

Nach oben,
der Sonne entgegen,
begierig nach Licht –
wachse ich in den Himmel.

Meinen ganzen Mut
nehme ich zusammen –
Hoffnung, Freude, Glück.

Auch der Schatten in mir,
die Enttäuschung, das Fragment;
Misslingen, Abfall, Schuld –

alles, was mich herunterzieht,
wächst doch letzten Endes
in den Himmel –
nach oben.

Sich hinauswagen

Nur hinterm eigenen Gartenzaun
wird sich kein Weg entwickeln.

Nur auf bekanntem Terrain
ist kein Fortkommen möglich.

Nur auf Nummer Sicher
wagt sich keiner vor.

Wer die Ungewissheit liebt –
kommt an.

Zur Mitte finden

Worum es sich dreht –
die Achse.

Worum es letztlich geht –
der Mittelpunkt.

Was mir am Herzen liegt –
mein Anliegen.

Wo meine Heimat ist –
mein Geheimnis.

Woraus ich leben kann –
meine Mitte.

Wie ich zur Mitte finde –
Meditation.

Sich zurückziehen

Manchmal kann ich
nichts vor Augen sehen.

Manchmal habe ich
zu viel um die Ohren.

Manchmal habe ich
von allem die Nase voll.

Manchmal geht mir
jeder auf die Nerven

Manchmal verliere ich
den Geschmack am Leben.

Besser, ich ziehe mich zurück,
als wenn ich manchmal
meine fünf Sinne
nicht mehr
zusammen
habe.

Ein Paar sein

Einander nahe kommen,
kennen lernen,
schätzen lernen,
lieben lernen –
Nähe zulassen.

Beieinander sein,
die Zeit vergessen,
zueinander stehen,
einander annehmen –
Ehrfurcht behalten.

Sich lieben lassen,
einmalig werden,
unverwechselbar sein,
sich als Person erfahren –
ein Jemand durch die Liebe.

Durchhalten.
Einander leiden können,
erdulden mit Passion;
Durst und Dürre überstehen –
Konflikte durchtragen.

Durch ein paar Gemeinsamkeiten,
durch Paarung allein,
ja durch bloßes Gefühl
sind noch niemals Menschen –
zum Paar geworden.

Höher als der Gipfel

Gipfelstürmer
mit festem Willen
und
Sauerstoffmasken
mit Wagemut
und
Widerstandskraft
sind
Helden.

Himmelsstürmer
mit offenem Herzen
und
Bedürftigkeit
mit Zivilcourage
und
Widerspruchsgeist
sind
Heilige.

Meine Möglichkeiten spüren

Unbegrenzte Möglichkeiten?
Nein, die habe ich nicht.
Welche Unmöglichkeit
wird mir da vorgespielt?

Ich kenne mich genau –
Stärken und Schwächen.

Ich bin nicht zu stolz
und nicht zu bescheiden,
bin nicht zu klug
und nicht zu dumm;
ich bin nicht zu mutig
und nicht zu ängstlich.

Ich habe Ecken und Macken
und bin ansonsten ziemlich normal.

Ich kenne meine Grenzen,
entwickle meine Möglichkeiten;
lerne mich einzuschätzen,
beginne mich zu schätzen.

Ich liebe das Normale,
und schätze meine Grenzen;
ich entgrenze mutig meine Schätze
auf neue Möglichkeiten hin.

Vom Licht durchdrungen

Licht
lichtet
dichtes
Dickicht
durch.

Durch
Dich
lichtet
dichtes
Dunkel.

Du
dringst
durch
dichtes
Licht.

Hell.

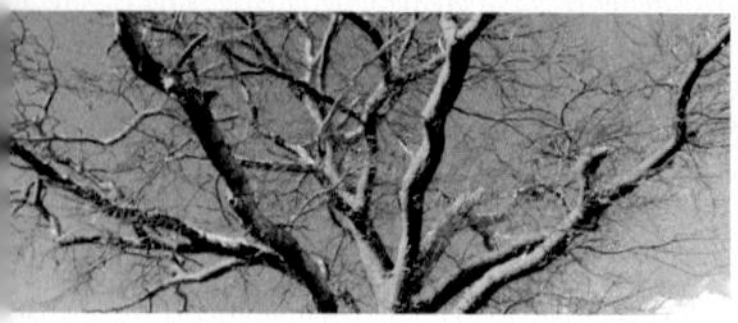

Widrigkeiten standhalten

Ich stehe,
stehe fest,
halte Stand.

Ich gründe tief,
habe Grund genug
Kraft in den Wurzeln.

Ich stämme mich
mit Macht und Mut
in Himmel und Erde.

Gestanden und gegründet,
geerdet und gehimmelt,
ermächtigt und ermutigt
stämme ich mich
der Widrigkeit entgegen.

Ich bin gestanden,
in Stand gehalten
und halte Stand.

Innehalten – Schweigen und Hören

Das erste fertige Organ im Mutterschoß ist das Ohr. Bereits nach viereinhalb Monaten Schwangerschaft ist es vollständig entwickelt. Wir Menschen wollen hören, möglichst früh und genau; wir wollen schnell Kontakt herstellen mit der Außenwelt, wollen Kommunikation und Klang. Und das letzte Organ, das am Ende stirbt, ist ebenfalls das Ohr. Immer wieder ist man erstaunt, was sterbende Menschen alles noch mitbekommen, was sie hören, und wie sie dann reagieren.

Das Ohr ist das einzige Sinnesorgan, das wir nicht zumachen können. Das Klingeln des Weckers macht uns wach, Geräusche in der Nacht rauben uns den Schlaf.

Unsere Sprache sagt es genau: Wer offen ist, der ist hellhörig; wer zugemacht hat, will nichts mehr hören. Wenn wir aufhören, dann ist Schluss; wenn wir aber ganz da sind, dann sind wir auch ganz Ohr. Auf wen wir hören, zu dem gehören wir. Wer hört, ohne zu denken, wird hörig. Wer zu viel um die Ohren hat, kann's nicht mehr hören. Und der häufigste Vorwurf im Ehekrach lautet: „Du hörst mir ja gar nicht zu!"

Wenn man der Evolutionstheorie Glauben schenken will, kann man sagen: Unser Gehirn ist um das Ohr herum entstanden. Der aufrechte Gang, der den Menschen zum Menschen macht, hat mit dem Hören zu tun: Das Gleichgewichtsorgan steckt – gut verborgen und geschützt – im Gehör. Nur wer aufrecht geht, kann ein aufmerksamer Mensch sein. Wer nichts mehr hören kann oder will, verliert sein Gleichgewicht.

Wer sich mit Physik und Biologie, Astronomie und Musik beschäftigt, stellt bald fest: Die Welt ist Klang. Die Intervalle in der Musik tönen als Zahlenverhältnisse durch das ganze Weltall. Man findet sie nicht nur in Orgeln und Gitarren, sondern auch in Atomen und Galaxien, Molekülen und Sonnensystemen, in den Verzweigungen von Blättern, Bäumen und Nervenbahnen, im Bau des menschlichen Körpers. Musik ist Abbild und Zusammenfassung der ganzen Schöpfung.

Das Ohr ist viel genauer als das Auge. Mit dem Auge kann man nur schätzen, mit dem Ohr kann man sogar messen. Optische Täuschungen gibt es viele, akustische Täuschungen gibt es nicht einmal als Begriff. Mit dem Auge wollen wir immer alles mitkriegen, schnell und gehetzt. Mit dem Ohr sammeln wir ein, was tönt und klingt und schwingt in der Welt.

Auch im Glauben ist das Hören sehr wichtig.

Das jüdische Glaubensbekenntnis trägt den Titel „Höre, Israel" und beginnt auch so: „Höre, Israel! Jahwe, unser Gott, Jahwe ist einzig" (Deuteronomium 6,4). „Wir bitten dich, erhöre uns", sagen wir zu den Fürbitten, oder auch: „Christus, höre uns". Wir schreiben Gott nicht vor, was er mit unseren Bitten machen soll, aber wir wünschen uns, dass er dafür ein offenes Ohr hat. Und dass er uns wirklich hört, ist eine Grundüberzeugung der Bibel. In den Psalmen heißt es: „Er hat mein lautes Flehen gehört und sein Ohr mir zugeneigt" (Psalm 116,1). Und: „Sollte der nicht hören, der das Ohr gepflanzt hat?" (Psalm 94,9).

„Wer Ohren hat, der höre" (Matthäus 11,15) ist eine Einladung aus den Evangelien, das Wort Jesu zu verstehen und zu leben. Im Buch Genesis lesen wir, dass Gott die Welt durch sein Wort erschafft: „Und Gott sprach ... und es geschah" (Genesis 1,1 – 2,4a); Gott spricht, die Welt hört ihm zu – und gehorcht ihm aufs Wort. Jesus Christus selbst wird im Johannesevangelium Gottes Wort genannt: „Und das Wort ist Fleisch geworden" (Johannes 1,14).

Es ist ein Grundanliegen der Meditation, dass wir durch Schweigen der Stimme Gottes Raum geben, dass wir also unser inneres Ohr weit öffnen für seinen Ruf.

„Ein Auge ist, das alles sieht", so hat man uns früher Angst gemacht. Da wurde das Christentum, wie so oft, pädagogisch missbraucht. Verkündigung und Erziehung waren nicht zu unterscheiden, wirkten sogar bedrohlich. Wie anders klingt da die Zusage: „Dein Wort in Gottes Ohr!"

Am Pfingstfest kam der Heilige Geist auf die Jünger herab. Das war die Geburtsstunde der Kirche. Der Heilige Geist bewirkt, dass man einander versteht: „Ein jeder konnte sie in seiner Sprache hören" (Apostelgeschichte 2,6). Der große Ordensvater Benedikt beginnt seine Regel mit dem Wort: „Höre!" Christen werden manchmal einfach „Hörer des Wortes" genannt, denn der Glaube kommt vom Hören (Römer 10,17), weil er zuerst Empfangen bedeutet.

Thomas von Aquin, der große Theologe des Mittelalters, dichtet seinen Hymnus „Adoro te devote"; darin heißt es: „Visus, tactus, gestus in te fallitur, sed auditu solo tuto creditur." In deutscher Übersetzung: „Sehen, Schmecken, Tasten täuschen sich in dir, aber durch das Hören kommt der Glaube mir." Das Hören ist der „theologischste" aller Sinne!

Die Gemeinde ist eine Gemeinschaft unter dem Wort Gottes. Wir erzählen einander vom Glauben und hören aufmerksam zu. Katechese, also die Einführung in den Glauben, heißt wörtlich übersetzt: Widerhall. Im Glauben der Gemeinde klingt etwas von dem wider, was Gott längst in unser Herz hinein gestiftet hat.

„Der kann gut zuhören" ist ein hohes Lob für einen Seelsorger. „Der hat gut reden" ist genau das Gegenteil davon. „Aktives Zuhören" ist eine ganz einfache Art, miteinander zu sprechen und nicht bloß zu reden. Im Gespräch merke ich ganz deutlich, ob mir jemand wirklich zuhört. Oberflächliches Getratsche plätschert an meinem Ohr vorbei, es geht zum einen herein und zum anderen wieder heraus. Wo aber Gespräch entsteht, da bin ich hellwach, offen und gegenwärtig.

Unsere Zeit ist geprägt von einer großen Armut an Kommunikation. Eheleute sprechen angeblich nur fünf bis acht Minuten täglich miteinander. Man hat keine Zeit, aufeinander zu hören, weil man so viel mit dem Sehen beschäftigt ist.

Wer zuhören will, richtet sich auf, denn nur wer aufmerkt, kann die Ohren spitzen. Das typische Möbel unserer Zeit ist jedoch der Fernsehsessel: Darin sinken wir nieder und schlafen ein. Wer sich für jemanden interessiert, schenkt ihm Aufmerksamkeit. Wenn er aber nicht hören will, wendet er sich ab. Die aufrechte Haltung entspricht unserem Menschsein. Kinder vor dem Fernseher jedoch liegen meistens auf dem Boden.

Ein einzelnes Bild zu betrachten, bei einer Fotografie zu verweilen und sich dabei Gedanken zu machen, scheint heute fast unmöglich. Wir sind gewohnt, dass die Bilder alle zehn bis zwanzig Sekunden wechseln; das nennt man dann Unterhaltung. Betrachtung hingegen dringt viel tiefer als Unterhaltung. Seitdem die Pädagogik Filme und Videos einsetzt, sind die Kinder nicht ruhiger und nicht klüger geworden, eher im Gegenteil. Die Ursituation des Unterrichts: Der Lehrer spricht, die Schüler hören, ist kaum noch möglich. Hörsäle gibt es nur noch an der Universität.

Es wäre für unsere Zeit ein großer Gewinn, vom Sehen zum Hören zu kommen: von den schnellen grellen Bildern zum wirklichen Zuhören. Vielleicht sehen wir heute so gerne fern, weil uns der Blick auf den Nächsten viel zu anstrengend ist. Ablenken ist ja viel einfacher als Aufmerken ...

Fernsehen macht oberflächlich. Die Mattscheibe besteht nur aus einer Oberfläche von Punkten und Strichen. Musik jedoch dringt tief in uns hinein, verleiht Tiefgang.

Blicke können töten, ein stechender Blick kann sehr wehtun. Das Ohr jedoch ist sanft und immer offen.

Und das Gehör ist viel genauer: Es gibt Untertöne im Sprechen und Obertöne in der Musik. Am Telefon und im Radio kann man nicht lügen, weil der Tonfall jede Stimmung verrät. Die schnellen E-Mails aber werden meist nur überflogen ...

Das Gehör verleiht Tiefgang, ganz anders als das Sehen. Das Auge bildet nur die Oberfläche der Wirklichkeit ab, und das auch nur spiegelbildlich inklusive eines blinden Flecks; das Bild entsteht erst im Gehirn. Das Ohr jedoch lässt unsere Klangwelt bis in unser Inneres hinein. Es ist auch viel empfindlicher, zum Beispiel wenn wir Stress haben: Das Flimmern vor den Augen geht irgendwann weg, der Hörsturz bleibt leider unvergesslich.

Mehr hören, weniger sehen: Das wäre ein Weg zu mehr Wesentlichkeit. Mehr schweigen, um besser hören zu können. Mehr sprechen und weniger reden. Leisen Tönen Raum geben. Weniger schnelle Bilder angucken und dafür mehr in Ruhe betrachten. Mehr innen als außen: Das Auge führt den Menschen in die Welt, das Ohr führt die Welt in den Menschen.

Was muten wir uns zu an oberflächlichen Bildern? Was muten wir uns zu an Krach und Lärm? Hören ist eine Grundhaltung des Glaubens. Zuhören ist eine Grundbedingung von Gemeinschaft. Aber zuerst müssen wir schweigen.

In die Stille kann ich mich *versenken*, in die Arbeit nur *vergraben*. In die Ruhe kann ich *eintauchen*, in der Hektik nur *untergehen*. Stille ist eine Bewegung nach *innen*: Sie sammelt. Lärm ist eine Ablenkung nach *außen*: Er zerstreut.

Jeder Klang will zur Stille reifen: In vielen Musikstücken sind es gerade die Pausen, in denen sich die *innere* Dramatik der Musik bis zum *Äußersten* steigert: Die Stille ist die Spannung in der Musik! Rhythmus entsteht aus den Pausen zwischen den Impulsen. Kreativität entsteht in den Pausen zwischen dem Schaffen: Die Stille ist der Raum der Schöpfung! Wenn uns einmal *Hören und Sehen* vergeht, dann tauchen wir ein in Gott, der uns hört und ruft.

Schweigen

Schweigen heißt warten
und die Welt verstehen;
heißt, allen Dingen nahe sein
und die Geschöpfe lieben.

Schweigen heißt hören
und unter vielen Stimmen
die richtige erkennen,
heißt staunen über jedes gute Wort.

Sprachlos

Ich werde sprachlos
vor allem, was ich nicht verstehe.
Ich finde keine Worte
für alles, was mich übersteigt.

Ich verstumme
vor allem, was ich nicht ändern kann.
Ich schweige Dich an,
schweige auf Dich zu.

Du gibst mir ein Wort.

Hellhörig

In der Stille
können Gedanken erwachen
und langsam reifen.

In der Stille
bekommt der Alltag Tiefe,
weitet sich mein Herz.

In der Stille
werde ich ganz ruhig,
empfange Frieden.

In der Stille
kann ich Dein Wort vernehmen,
erkennen Deinen Willen.

Aus der Stille
sprichst Du
zu mir.

Schließen und öffnen

Ich schließe die leiblichen Augen
und öffne die Augen des Herzens.

Ich sammle mich aus der Zerstreuung
und lebe mich in Dich hinein.

Ich tauche ein in Dein Geheimnis
und tauche auf neben Dir.

Ich will nicht reden, nicht erzählen,
nicht entfliehen vor den Menschen.

Ich möchte schweigen für alle,
die Angst haben vor der Stille.

Ich öffne mich für Dein Wort
und schließe es ins Herz.

Was ist Meditation?

Meditation kann einfach üben bedeuten, nachsinnen und bedenken, oder auch: zur Mitte finden. Sie darf wort- und gegenstandslos sein, aber nicht orientierungslos. Durch Konzentration auf Weniges und Wichtiges, zum Beispiel auf Herzschlag und Atmung, wird der Geist frei; indem ich auf das achte, was normalerweise von selbst läuft, werde ich ruhig, konzentriert und offen. Das Besondere an der christlichen Meditation ist, dass sie eine Form des Gebets, des Sprechens mit dem lebendigen Gott sein will.
Vielen Menschen fällt es schwer, zu Gott wirklich „Du" zu sagen und damit dem Gebet eine Orientierung zu geben, die auf Beziehung hin angelegt ist. Nachdenken und Leerwerden vom Stress des Alltags sind noch keine Meditation; sie können es aber werden vor dem „Du" des lebendigen Gottes.
Meditieren heißt zuerst: empfangen. Das Wichtigste ist, nicht unter Leistungsdruck zu geraten. Ich muss nichts bringen, sondern darf kommen lassen. Ich muss mich nicht besonders konzentrieren. Wenn ich

aber meine Gedanken so ziehen lasse, dann sind sie auf einmal nicht mehr wichtig. Da werde ich ganz ruhig, atme gleichmäßig, spüre irgendwann: Gott lebt in mir, Er möchte mich umfangen. Nachdem ich also zunächst in Ruhe mir selbst begegne, trifft mich Gott, begegnet Er mir.

Konkret geht das so: Ich nehme mir Zeit und Raum, setze mich bequem hin, lasse alle Gedanken kommen, die da sind. Nachdem sich etwas mehr Ruhe eingestellt hat, lese ich aufmerksam ein Bibelwort. Dann gehe ich mit diesem Wort um, drehe es in Gedanken hin und her, bis es mir etwas sagt. Manchmal schweige ich einfach im Angesicht Gottes, lasse mich anschauen von Ihm, ohne irgendetwas zu wollen. Sein gütiger Blick macht mir häufig besser bewusst, Sein Kind zu sein, als jede Beschäftigung mit der Bibel. Immer schließe ich mit einem Gebet ab. Wenn ich aus der Meditation aussteige, spüre ich jedes Mal ein großes Gefühl von Dankbarkeit. Und das, obwohl ich kein Mensch bin, der sich gut „versenken" kann.

Meine Meditation ist wie ein Meer: An der Oberfläche ist es unruhig, manchmal sogar stürmisch, aber je tiefer ich nach unten eintauche, desto ruhiger wird es. Ich darf mich nur nicht an der Oberfläche ärgern, sondern muss sie lieb gewinnen: Auch sie gehört zu meinem Leben dazu. Nur: Die Oberfläche ist immer am weitesten vom Mittelpunkt entfernt.

Ich kann durch meinen Lebensstil eine innere Atmosphäre schaffen, die meine Meditation unterstützt. Ich möchte, dass meine Meditation kein Selbstzweck ist, kein Einswerden und keine Erleuchtung bringt, sondern Hingabe und Liebe an Gott und die Menschen. Die Bewegung von außen nach innen soll sich in der Herzmitte – in Gottes Gegenwart – verwandeln in eine liebende Bewegung von innen nach außen, zur Welt hin.

In meiner regelmäßigen Meditation kommt es mir nicht so sehr auf Erfüllung an, sondern auf Treue; das Äußere trägt mehr als das Innere. Und obwohl ich versuche, nicht ergebnisorientiert zu meditieren, habe ich die tiefsten Einsichten ins Leben hier gewinnen dürfen: innere Sammlungen von Gelassenheit und Lebenssinn, Unterscheidung von Wichtigem und Unwichtigem, Entscheidung für Gott.

Meditation

Ohne alle Texte sprich aus dir heraus.
Ohne alle Formeln formuliere dein Leben.
Ohne jede Sprache schweige laut vor Gott.

Nicht nur Ruhe, sondern Stille.
Nicht nur die Nerven, sondern das Herz.
Nicht Du selbst, sondern Gott.

Manchmal

Manchmal, wenn ich ganz still werde,
dann spüre ich mein Atmen.
Manchmal, wenn ich ganz still werde,
dann höre ich mein Herz.
Manchmal, wenn ich ganz still werde,
dann ahne ich in mir ein Stück Ewigkeit.

Hilf mir weiter auf dem Weg in die Stille.
Dann spüre ich
Dein Atmen,
Dein Herz,
Dich.

Alles schon gesagt

Herr, mache mich still,
denn es ist alles schon gesagt.
So viele Worte, so viele Gebete
haben Menschen schon zu Dir gesandt:
Dank und Bitte, Lob und Klage.

Ich will still sein vor Dir,
leer werden, die Worte loslassen.
Und wenn Du willst, Herr,
dann gib mir neue Gedanken,
neue Gefühle, neue Worte.

Herr, mache mich still,
denn ich habe schon alles gesagt.
Wo meine Worte verhallen,
meine Gebete verklungen sind,
gib Du mir Dein Wort – Jesus Christus.

Mit Seinem Leben, Seiner Botschaft,
Seinen Zeichen, Seinen Wundern,
Seinem Sterben, Seinem Ostern,
Seiner Wiederkunft und Seiner Vollendung –
ist alles schon gesagt.

Dastehen

Kämpfst du manchmal
gegen den Ort, an dem du stehst?

Wünschst du dir manchmal
ein ganz anderes Leben?

Möchtest du es zurückdrehen,
das Rad der Geschichte?

Erkenne dein Leben:
Wie stehst du da?

Schaue nach vorn:
Was liegt vor dir?

Gib die Hoffnung auf –
auf eine bessere Vergangenheit.

Greif deine Chance beim Schopf –
und du findest ganz neu den Sinn.

Dem Licht folgen

Wer leitet mich?
Wer zeigt mir den Weg?
Wer leuchtet mir voran?

Nur ein Licht aus dunklen Wolken
zieht einen Hoffnungsschimmer mir voran.
Zu wenig, um meinen Fuß auf das Wasser zu setzen.

Ich halte ihn wach,
den Traum vom lichten Schimmer,
um morgen einen Weg zu finden.
Bis dahin vertraue ich

Dir.

Gemeinsame Ausrichtung

Wir wachsen
dem Licht entgegen:
Orientierung
am Sonnenaufgang.

Wir blühen
im Lauf des Jahres:
Rhythmus
alles Lebendigen.

Wir folgen
dem Weg der Sonne:
Bewegung
bis zum Horizont.

Wir welken
am Ende der Zeiten:
Ergebung
in Kommen und Gehen.

Wachsen und Werden,
Leben und Vergehen –
wir richten es aus.
Die Orientierung stimmt.

Den Bogen nicht überspannen

Ein Bogen unter klarem Himmel,
aus Regen und Licht, Dunkel
und Farbe, Tränen und Glück.

Traumpfad zwischen Himmel und Erde
und wieder zurück. Einfach und schön,
nicht geplant, umsonst geschenkt.

Ich bin gespannt auf das, was noch
kommt; öffne mich dem Beschenkt-
werden und will den Bogen bei weitem
nicht
über-
span-
nen.

Aufbrechen

Endlich aufbrechen!
Heraus aus der Enge –
nicht davonlaufen,
nicht das Weite suchen –
die Weite!

Endlich aufbrechen!
Sonst gehe ich unter –
nicht festhalten,
nicht an der Oberfläche kleben –
losgehen!

Endlich aufbrechen!
Einem Ziel entgegen –
selbstbewusst,
kraftvoll –
leben!

Ich ruhe in mir selbst
und starte deshalb durch.

Ein Ziel verfolgen

Der Weg ist nicht das Ziel:
Das Ziel ist, wohin ich will,
und woher ich gehe, das ist der Weg.

Wer sich verläuft, kommt niemals an,
auch wenn er sehr dynamisch geht –
mit Hochgeschwindigkeit ins Nichts.

Orientierung, Wegweiser, Kompass;
Landkarte, Erfahrung, Weggeleit:
Wer das Ziel im Blick behält,
braucht den Abgrund nicht zu fürchten.

Ich drehe mich nicht im Kreis,
kreise niemals um mich selbst;
ich verfolge ein Ziel, eine Vision.

Nur wer ein Ziel hat,
kommt ganz sicher
irgendwann gut an.

Einen Umweg machen

Vor den schlechten Nachrichten
die guten sagen,

vor dem unangenehmen Thema
übers Wetter reden,

vor den bohrenden Fragen
Alltagsdinge erledigen,

vor den Wünschen und Bitten
Dankbarkeit zeigen,

vor aller Kritik
mit Lob nicht sparen –

der direkte Weg ist schwer
und oft kein guter Umgang;
ein kleiner Umweg
lässt mich entkommen
aus dem Gestrüpp der Angst
und führt zum Ziel –

der längere Weg
macht es mir leicht.

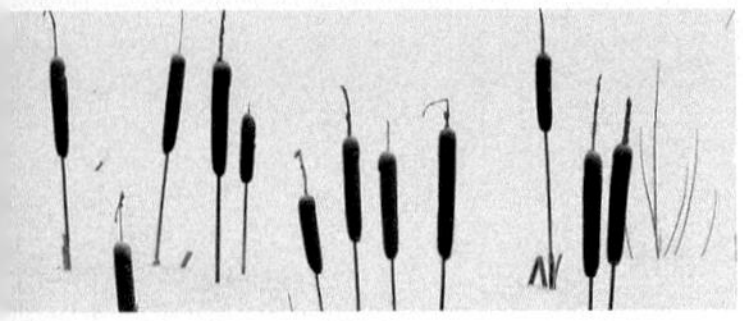

Wenn die Zeit stillsteht

Die Zeit läuft
unaufhaltsam
und steht niemals
still.

Doch eine Weile,
einen Augenblick nur,
verweilt sie ein wenig
bei mir.

Wenn ich die Zeit nicht habe,
dann hat die Zeit
mich.

Zeitweilig
steht die Zeit
still.

(Wenn ich es will.)

Sich für einen Weg entscheiden

Entscheiden
heißt Scheiden
von Möglichkeiten,
die es einst gab.

Wer Schritte wagt,
schlägt Türen zu;
wer niemals losgeht,
kommt nicht an.

Zu lange überlegen
heißt stehn auf einem Bein;
wer sich nicht ganz entscheiden kann,
hat nicht gewählt: nur Stillstand, Tod.

Ich will bewusst den Weg mir wählen,
ohne Zögern blicken auf das Ziel;
mein Ungetanes, Unbegangenes lass ich
dir als Möglichkeit zu leben.

Profil zeigen

Die Natur
zeigt ihr Profil
beim Hinschauen ganz genau.
Mit feinen Augen
und geduldigem Sinn
erkenne ich die Profile des Lebens.

Menschen
zeigen ihr Profil
oft erst im Widerstreit.
Wer gefragt ist
und Antwort bieten kann,
gilt als profilierter Mensch.

Nur wer einen Standpunkt hat,
gibt Orientierung;
allein was fest im Leben steht,
schafft Beweglichkeit;
nur Menschen mit Meinung
laden zum Gespräch.

Wer Profil entwickelt,
hinterlässt seine Spuren,
kommt nicht ab vom Weg,
kriegt die Kurve rechtzeitig,
setzt sein Leben nicht in den Sand.

Spuren hinterlassen

Wenn das Wasser weicht,
hinterlassen die Fluten
Spuren ihres Lebens.

Die Ebbe bringt an den Tag,
was an Bewegung und Kraft
unter den Wassern wogte.

Wenn mich ein Mensch verlässt,
hinterlässt sein Leben
Spuren der Liebe.

Noch der Tod bringt an den Tag,
was an Begegnung und an Liebe
hinter allem Alltag war.

Wenn mein Leben verebbt ist,
hinterlasse ich Spuren
in Dir.

Und fließe jenseits des Horizonts,
in der anderen Welt,
spürbar fort.

Was ich mir wünsche

Was würde ich mir wünschen,
hätte ich drei Wünsche frei?

Ich wünsche mir kein Wunder,
damit ich nicht verwünsche.

An der Wirklichkeit vorbei
verwirke ich mir mein Sein.

Was ich mir wirklich wünsche,
das soll mein Wirken werden.

Wenn ich herzlich hoffe, handle,
werden gute Wünsche wahr.

Mit dem Himmel in Berührung bleiben

Der Blick zum Horizont
gibt mir ein Gefühl von Weite,
die Sicht über das Meer
eine Ahnung der Tiefe.

Weitblick und Tiefgang –
beides gibt mein Alltag
wenig her.

Ich möchte
mit dem Himmel
in Berührung bleiben.

Ich weiß,
wo der Himmel
die Erde berührt.

Du rührst mich an.
Du berührst
unmerklich und ganz still.

Einen tragenden Grund finden

Ich trage einen Grund in mir,
und dieser Grund trägt mich.

Ich blühe einer Hoffnung entgegen,
und diese Hoffnung blüht in mir.

Ich gehe in den Spuren einer großen Liebe,
und diese Liebe spürt mich auf.

Ich wachse einem hellen Licht entgegen,
und dieses Licht wächst auch in mir.

Ich trinke aus einer tiefen Quelle,
und diese Quelle – entspringt in Dir.

Freiräume entdecken

Zwischen allen Terminen,
unter jedem Druck –
Freiräume entdecken!

Ich nehme Termine wahr –
was sonst noch?
Ich erledige Dinge –
wann die Dinge mich?
Ich hake Termine ab –
und mein Leben?
Ich führe Aufgaben aus –
und was im Schilde?
Ich bin ein freier Mensch –
oder ein Arbeitstier?
Ich arbeite um zu leben –
oder lebe um zu arbeiten?

Nur einen Spaltbreit
neben meiner Gewohnheit,
meiner vorgeblichen Unersetzbarkeit,
meiner eingebildeten Wichtigkeit,
erkämpfe ich mir einen Freiraum.

Ich entdecke,
bewahre
und beschütze ihn.

Den nimmst du mir nicht,
du Tyrann in meinem Kopf!

Abschied nehmen

Wenn die Sonne untergeht,
so zieht sie doch nur weiter;
wenn der Tag sich neigt,
so ruht er nur aus für den nächsten.

Was hier als Abend gilt,
ist woanders schon Morgenrot.
Das Untergehen, Sichneigen
birgt immer schon das Neue in sich.

Und wenn die Sonne auch untergeht
und der Tag sich neigt,
so trägt sie doch das Licht,
so neigt er sich doch
woandershin.

Wenn Menschen Abschied nehmen,
so ist das nie für immer;
die geschaffen und erlöst sind,
sehen sich nie zum letzten Mal.

Was hier zur Neige geht,
bricht woanders wieder auf.
Dem Sterben und Vergehen
wird neues Leben eingehaucht.

Und wenn mein Leben auch vergeht
und sich zum Abend neigt,
so trägt es doch den Geist,
so neigt er sich doch
zu Dir.

Wurzeln schlagen für eine Zeit

Ich fühle mich hingezogen
zu dem, was gewachsen ist,
was mit Wurzeln tief
in der Erde steckt.

Ich fühle mich angezogen
von dem, was aufrecht ist,
was die Schmerzen kennt
vom Werden und Vergehen.

Ich fühle mich hineingezogen
in alles, was lebendig ist,
was die Zeit geordnet hat:
So will ich wachsen, reifen, sein.

Zur Entfaltung kommen

Zusammengefaltet
von bösen Dingen,
in Falten gelegt
von tiefer Trauer –

so falle ich zu Boden,
verkrümmt in mir selbst;
so zieht mich nach unten
mein trauriges Gesicht.

Auseinander gefaltet
von großer Hoffnung,
zur Entfaltung gekommen
aus Freude am Leben –

so stehe ich auf,
gerade gewachsen,
so treibt mich nach oben,
was angelegt ist in mir.

Was in mir da ist, lebt,
kommt zur Entfaltung;
was Du hineingesteckt
in mich.

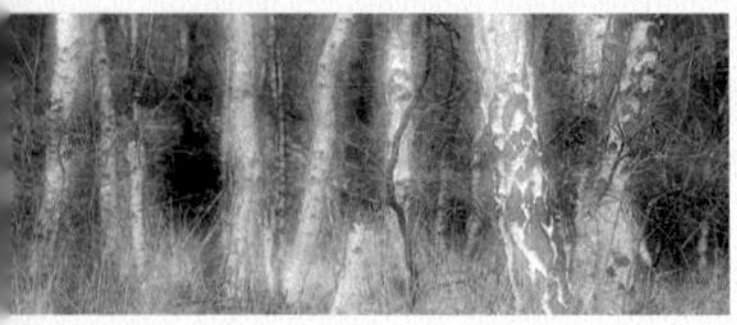

Träume wagen

Ich habe einen Traum,
in dem ich verschwommen sehe,
was morgen klar sein wird.

Meine Träume täuschen mich oft,
gehen einen Schritt zu weit mit mir,
werfen mich meistens ebenso weit zurück.

Was ich des Nachts erträume,
will ich bei Tag bedenken;
so wird die Sehnsucht klug.

Die unwirklichen Bilder
will ich in mir bewahren;
die Wahrheit zeigt sich im Realen.

Ich halte alle meine Träume
in das Licht der großen Hoffnung;
unterscheide so Vision und Wahn.

Wenn ich meine Träume wage,
spinne ich die Sehnsucht fort;
so wird der Welt ein Morgen.

Tiefer sehen

Sie fliegen bis zu den Sternen,
doch in der Tiefe
spiegelt sich
der Himmel.

Sie reiten über die Wellen,
doch allein der Tiefgang
gibt dem Schiff
seinen Halt.

Sie bauen bis in die Wolken,
doch im Fundament
hat das Gebäude
sein Gewicht.

Ich will tiefer sehen,
Tiefgang haben,
Tiefe bauen.

Aus der Tiefe
rufe ich dann
zu Dir.

Auszeiten genießen

Ohne Sabbat
keine Arbeit,
ohne Brachzeit
keine Frucht.

Ohne Feste
nur noch Alltag,
ohne Freiheit
nur noch Zwang.

Ohne Muße
keine Gedichte,
ohne Spielen
nur noch Stress.

Ich steige aus,
schalte ab,
halte an –
und bleibe genießbar.

Zur Ruhe finden

Ich suche die Stille
und höre ihr zu,
ich finde mich selbst
und komme zur Ruh.

Ich liebe die Ruhe,
in ihr find ich Dich;
ich wage zu hoffen:
Du findest mich.

Ich spüre die Freiheit
und werde ganz leer;
Du kannst mich füllen,
Du bist mein Herr.

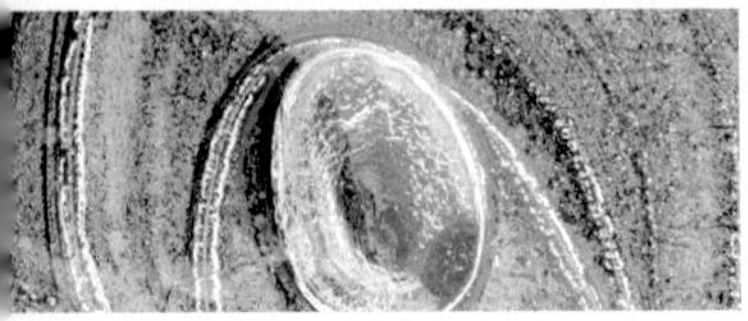

Meine Phantasie zulassen

Ich sehe das,
was du nicht siehst,
weil wir verschieden schauen.

Ich blicke durch,
du blickst dahinter;
und der Blickwinkel ändert sich.

Was in meiner Phantasie entsteht,
das fängt in meinem Geist zu leben an,
entfaltet sich und reift und wächst.

Die Traumgebilde bunter Linien,
die ich mir ausmale, innerlich,
sind wie ein Kind, das zeitvergessen spielt.

Was ist wirklich, was erdacht;
sind Gedanken denn nicht wahr –
wer bestimmt, wer setzt die Grenzen?

Ich will meine Phantasie zulassen,
meinen Traum in Ehren halten
und ganz im Hier und Heute stehen.

Zerbrechlichkeit

Im Filigranen und im Feinen –
ein Zauber von besondrer Art,
im Zerbrechlichen und Kleinen
spür ich Deine Gegenwart.

Lass mich behüten und bewahren
vor Grobheit und Gewalt,
was in tausenden von Jahren
ward Inhalt, Form, Gestalt.

Ich will das Zarte nicht zerstören,
das Du zur Seite mir gestellt;
will Deinen Hauch in allem hören,
der Leben bringt in unsre Welt.

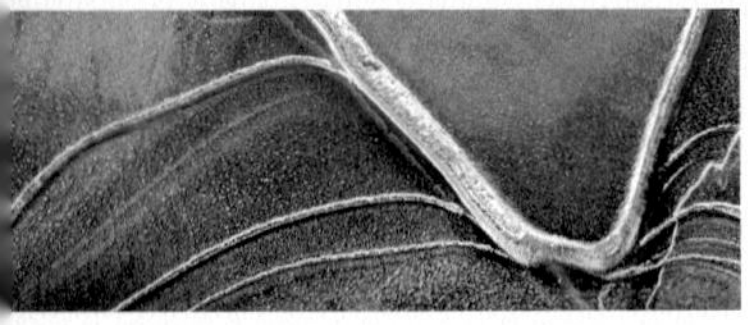

Eine andere Wirklichkeit erkennen

Die Physik fragt: Was ist wirklich?
Doch ich erkenne: Das ist wahr.

Die Chemie fragt: Welche Formel?
Doch ich schmecke guten Wein.

Die Mathematik fragt nach den Zahlen.
Doch ich rechne fest mit dir.

Dein Arzt stellt Diagnosen.
Doch ich streichle deine Hand.

Architekten machen Pläne,
doch ich sehe Deinen Plan.

Biologen zählen Arten,
doch ich bestaune Dein Leben.

Ingenieure erfinden Maschinen,
doch ich suche stets nach Dir.

Theologen suchen Worte,
doch ich begegne Deinem Heil.

Hinter den Dingen, jenseits der Worte,
in jedem Menschen: Dein Geheimnis.

In Achtsamkeit begegnen

Hab Acht!
Jede Tauperle hat ihre Welt.

Hab Acht!
Jedes Ding hat seinen Wert.

Hab Acht!
Was du mit Füßen zertrittst.

Hab Acht!
Mit Vorsicht geh voran.

Hab Acht!
Begegne dem Leben mit Ehrfurcht.

Denn erst dann
achtest du auch –
auf dich selbst.

Ausblick: Wozu Spiritualität?

Über den Horizont blicken

Die Menschen denken und leben heute sehr kurzfristig. Früher lebte man dreißig oder vierzig Jahre und dazu noch eine Ewigkeit, heute leider nur noch neunzig: Wer den Himmel verliert, hat nur noch auf Erden eine Chance; wer keine Ewigkeit mehr sucht, verliert sich in der Zeit. Das irdische Leben ist dadurch zur letzten Gelegenheit geworden, die man keinesfalls verpassen darf.

Die Folgen sind gravierend: Gesucht wird das optimal leidfreie Glück. Die paar Jahre, die man hat, möchte man eben genießen. Und alles dafür tun, um Krankheit, Misserfolg und ähnliche Pannen zu vermeiden. Optimiert wird das Leben selbst; sein Wert wird an Effizienz und Spaß gemessen, von der Würde ist weniger die Rede. So wird versucht, das Leid aus der Welt zu schaffen, indem man die Leidenden aus der Welt schafft: Statt füreinander zu sorgen, entsorgt man einander.

Leben als letzte Gelegenheit, das bedeutet: alles haben wollen, und zwar sofort; maximales Glück in minimaler Zeit. Menschen zwingen sich den Himmel auf Erden ab und sind damit ständig überfordert. Die Symptome dieses Lebensstils: Das Leben wird hastig und schnell, man hetzt eilig durch seine Jahre. Dagegen ist Entschleunigung angesagt, kreatives Nichtstun, die Entdeckung der Langsamkeit. Weitere Symptome: Wir arbeiten uns zu Tode und brauchen daher die Heilung von Arbeitswut und Aktionismus. Und: Die Menschen haben Angst, zu kurz zu kommen und etwas zu verpassen. Um alles auszukosten, kann man nicht anders, als um sich selbst zu kreisen. Die Angst um sich selbst führt zu einer ganz tief sitzenden Einsamkeit: Wer niemanden leiden kann, hält es am Ende auch mit sich selbst nicht mehr aus.

Das Weite und die Weite

Das Leben wird zu eng, es ist zum Davonlaufen. Die einen suchen deshalb das Weite: Sie fliehen in das gespielte Leben auf dem Fernsehaltar, in Aggression gegen sich selbst und andere, in psychosomatische Störungen oder in hoch aufgeladene Alternativwelten, die einem die lästige Last der Freiheit wieder abnehmen.

Die anderen suchen die Weite: Sie brechen aus der Enge der Diesseitigkeit aus, halten den Himmel offen, nehmen ihr Leben als Geschenk an, dessen Grund und Ziel, Woher und Wohin in Gott verankert sind. Wer sein Leben in Gott festmacht, muss es nicht mehr ängstlich auspressen; wer sich an ihn bindet, wird unabhängig von allem anderen. Nur wer den Schöpfer akzeptiert, bleibt sein Original! Sich in Gott festmachen, ihm Vertrauen schenken: Glauben. Nicht das Weite suchen, sondern die Weite: Spiritualität.
Mit spirituellen Wurzeln bleibt auch die Solidarität erhalten. Gerechtigkeit und Sinn gehören zusammen: Solidarität ohne Spiritualität ist blind (Aktionismus), Spiritualität ohne Solidarität ist lahm (blutleere Frömmigkeit). Wer in Gott einzutauchen versteht, der taucht bei den Menschen wieder auf.

Spiritualität und Identität

Menschliches Leben spielt sich auf verschiedenen Ebenen ab: Da ist die Umgebung, in der wir leben, da sind Zeit und Raum; da ist unser Verhalten, sind unsere Fähigkeiten, was wir können und was wir konkret tun; unsere Überzeugungen, Werte und Ziele, die unser Verhalten bestimmen; schließlich, über alledem, auf einer noch höheren Sinnebene: unsere Identität. Bei dieser Stufe geht es darum, wer ich bin. Das ist sicher keine Frage, die man sich täglich stellt: Wer bin ich? Aber in Krisen, wenn das Leben auf der Kippe steht und Entscheidungen gefällt werden müssen, ist die Frage aktuell. Wer leidet, körperlich oder seelisch, fühlt sich überflüssig und kann keinen Sinn mehr entdecken; er vergisst sozusagen, wer er in Wahrheit ist. Deshalb gibt es noch eine Sinnebene über der Identität, und das ist die Spiritualität. Niemand kann die Voraussetzungen, aus denen er lebt, selber bestimmen oder herstellen – es sind immer Vorgaben und Zusagen. Auf dieser höchsten Ebene erfahre ich, wer ich bin, wenn ich es zu vergessen drohe: eine Zusage, die mich zum Leben ermutigt, wenn mir der Mut fehlt; ein fester Halt, der mich trägt, wenn ich mich selbst nicht mehr im Griff habe. Spiritualität ist damit Ermöglichung und Zusage von Identität, gerade wenn diese unsicher wird oder verloren geht.

Nicht nur in der Krise, sondern immer

Die traditionelle religiöse Folklore weist dem Glauben und der Spiritualität die Nische des Sonntags und der Kontingenzbewältigung zu: eine Feiertagsreligion, die das Leben ordnen und über Krisen hinweghelfen soll.
Heute entdecken wir, was man Alltagsspiritualität nennen kann: immer in Gottes Gegenwart sein, die Welt mit seinen Augen sehen und das eigene Leben mit Vertrauen und Verantwortung gestalten. Sonntag und Alltag, Beten und Arbeiten müssen einander durchdringen. Man soll sich weder an der Kleinheit der eigenen Existenz erschöpfen noch über allen Wolken schweben, sondern die Welt aus dem Glauben heraus gestalten. Das ganze Leben soll Oratorium und Laboratorium in einem sein, Bethaus und Werkstatt; Gott und Welt sind nicht zu trennen, Anspannung und Entspannung, Aktion und Kontemplation, Mystik und Politik. Frömmigkeit als weltentrückter Raum jenseits des Lebens ist bloß religiöse Ideologie; Spiritualität, die das Leben liebt und prägt, ist Glaube. Diese Haltung hat ihren Grund in Jesus Christus, denn in ihm ist Gott Mensch geworden mit Hand und Fuß, aus Fleisch und Blut – also konkret und nicht nur geistig und ideell. Und sie gründet in der Erfahrung, dass Gottes Heiliger Geist in den Menschen am Werk ist, heute und hier.

Eine feste Ordnung

Jede Beziehung gestaltet sich vom Äußeren und Verbindlichen her, denn nur im Konkreten wird das Geistige fassbar. Deshalb braucht auch Spiritualität eine feste Ordnung, weil sie die Beziehung des Menschen zu Gott zum Ausdruck bringt. Es kommt nicht so sehr auf Empfindung und Gefühl an, sondern auf Verlässlichkeit und Treue. Das innere Erleben stellt sich zuverlässiger ein, wenn die äußere Ordnung steht. Schon in menschlichen Beziehungen gilt: Liebe braucht Pflege, braucht die alltägliche Umsetzung in kleine Schritte und sichtbare Zeichen. So ist es auch im Glauben: regelmäßige Gebetszeiten, die von Lust und Laune unabhängig sind und einfach durchgehalten werden; die Reflexion des eigenen Lebens vor Gott; der verbindliche und regelmäßige Kontakt zu einer Gemeinde. Feste Orte, Zeiten und Formen geben dem Glauben ein Dach über dem Kopf; selbst stille Zeiten, kreatives Nichtstun und Schweigen wollen geplant sein. Spiritualität ist nichts für auserlesene Lebenskünstler, sondern ein Handwerk für jeden, der intensiv leben und zum Glauben finden möchte. Das geordnete und verlässliche geistliche Leben wird zu einem Fundament, auf dem Spiritualität und Solidarität, Sinn und Gerechtigkeit gleichermaßen bestehen können: ein Leben auf dem Boden der Tatsachen und mit dem Gesicht zur Welt.

Er erschöpft sich nicht am Diesseits, ist nicht mehr angewiesen auf seine eigene kleine Existenz, sondern hält den Himmel offen, die Sehnsucht nach mehr. Er läuft nicht mehr davon – auch nicht vor den Schattenseiten des Lebens – sondern stellt sich der Wirklichkeit, seiner eigenen und der der Welt: So wird sein Glaube politisch. Er sucht nicht das Weite, sondern findet die Weite; sucht nicht mehr nur sich selbst, sondern lässt sich finden – von Gott. Und wer eintaucht in Gott, taucht bei den Menschen wieder auf.

Sensibel werden

Wer so lebt, wird sensibel für sich selbst, für seine Mitmenschen und die Schöpfung. Er sieht die Welt mit anderen Augen, mit den Augen Gottes – das ist Mystik! Sein Denken wird zum Danken, seine Wahrnehmung zur Dankbarkeit für alles Lebendige. Er nimmt das Leben mit allen Sinnen auf und an und findet dadurch zu einem sinnvollen Leben.